孙子兵法

简化版

VINCENT GAGLIANO

Inquiries and Book Orders should be addressed to:

Great Writers Media
Email: info@greatwritersmedia.com
Phone: 877-556-0487

国际标准书号
979-8-89175-088-3（平装书）
979-8-89175-087-6（电子书）

Contents

前言

2005

年，我还是一名高中生，第一次接触到《孙子兵法》这本书。我买了一本，期待着在课余时间读一读。一部 2500 年前的文学史就在我的指尖。作为世界上最古老、最著名、最不依赖偶然性的军事游戏，这本书会为一个狂热的国际象棋学生带来哪些真理呢？

我翻开书，从头到尾读了一遍，然后 …… 失望了。

回想起来，我也许应该知道，书中的教训并不总是显而易见的，至少一开始是这样。电影《王者之旅》的主人公、《学习的艺术》的作者 Josh Waitzkin 后来写道，这是典型的远东谚语，其中的教训会让你坐下来消化它们的真正含义。即使是在电影《小子难缠》（1984年版，非翻拍版）中，宫城先生教授丹尼尔武术的方法似乎也毫无意义。给汽车打蜡和空手道有什么关系呢？

但在当时，这对我毫无帮助，尤其是对一个在数学方面比中国学者更有天赋的青少年来说。所以，我放弃了，把书赠给了学校，继续我的生活。

　　五年后，我从佛罗里达大学回家过暑假。我有兴趣学习所有关于领导力的知识。我很清楚我没有最精明的商业直觉，正在寻找一些我能读到的东西来帮助我。在浏览书名时，我看到了 Gerald A. Michaelson 和他的儿子Steve撰写的 《The Art of War for Managers》。当我翻阅书页时，这两位作者都写到了我在高中时读过的段落，并用我能理解的方式解释它们。我被迷住了，并通过亚马逊购买了《孙子兵法》原版的副本。

　　然后有一天，当我坐在床上阅读时，灵感来了。

　　许多迎合更广泛读者的《孙子兵法》*书籍*都是学术翻译，就像我第一次读到的那样，许多解释这些概念的书籍显然是针对利基市场的。如果我对管理或领导力*不感兴趣*，我读《The Art of Warfor Managers 》的机会有多大？

　　为什么不写一本既面向广大读者 *又清楚地解释* 孙子思想的书呢？因此， 《孙子兵法简化版》 诞生了。

　　与许多其他基于《孙子兵法》的书籍不同，《孙子兵法简化版》绝不是对中文原文的逐字逐句的学术翻译。它还采取了与学术性的注释翻译相反的方法，除了提供更多的措辞来帮助解释概念之外，还提供了翻译。

　　我的意图是坚持原著的精神和背景，同时将原著中的陈述归结为更基本的概念。另外，因为我非常欣赏原著，所以我会给你一个计划来帮助研究这本书并充分利用它，因为正如我将在文本中所说，"如果你仅仅 *知道如何* 获胜，那并不意味着你会 *赢*。"

　　但是，是什么让 《孙子兵法》 成为重要的经典呢？为什么这本书的任何版本，无论是原译本还是改编版，都会在今天的大量商业或军事书籍中脱颖而出呢？

你可以很容易地把战斗想象成任何竞争者之间的军事隐喻。例如，一家财富500强公司就像一支强大的军队一样运作。首席执行官就像总司令，掌控着公司的方向。他们掌握着大量资源，无论是与员工（士兵）、物资（补给）优势相关的资源，还是与其他动态优势（主动性、周期时间等）相关的资源。公司经常与同行业的其他公司或"军队"作战，但战场是客户的内心、思想，最终是钱包。

战略或战术上的错误最终将导致销售额的损失，甚至更糟。即使现在的战斗与孙子写《孙子兵法》原著时不同，但原著的思想在今天仍然适用。

《孙子兵法》的原版是古代历史的一个片断，被写下来并复制给后人阅读。俗话说，历史会重演。为什么不利用这一点，吸取过去的经验教训，从而更好地改变未来的作战计划呢？

中国经济正在快速增长。英国广播公司（BBC）进行的一项民意调查预测，到 2026 年，中国经济将超过美国，成为世界上最大的经济超级大国。作为美国人，我们应该学习和研究中国文化，而《孙子兵法》是最著名的中国书籍之一。

最后，这本书通过研究与你的行业直接相关的材料，使节奏发生了有趣的变化。它将挑战你以全新的、不同的方式思考如何解决手头的问题。你是否有过这样的经历：对一个问题苦思冥想许久，却在思考完全不同的问题时恍然大悟？如果不出意外的话，本书可以帮助你完成这一过程，因为军事战略很可能与你原来的主题无关。

我希望本书能给你带来启发。

致谢

感谢 Ryan Ferguson 和 Dennis Troyanos 鼓励我磨练自己的写作。

感谢 Attila Vekony 在写作过程中给我的建议。

感谢Tony C.赋予我力量。

感谢我所有的老师。我知道我可能不是最容易教的学生，但我还是学到了东西。

最重要的是，感谢上帝赐予我的一切。

第一章

计 划

一个糟糕的计划总比没有计划好。

没有食谱，大多数人都不会去烤蛋糕；没有地图，大多数人都不会去旅行；没有蓝图，大多数人都不会去盖房子。同样，要想在任何竞争中获胜，你都需要找到获取信息的途径，了解自己将如何取得成功以及将面临哪些障碍。

糟糕的计划并不理想。但是，如果你有计划，你就已经在为实现目标采取措施了，而且你往往可以在未来修正你的计划。但是，如果你没有计划，你就没有成功的机会，因为你无法衡量自己离目标有多近或多远，甚至无法判断自己是否有目标。

战争是对一个国家极其重要的艺术形式。

战争关系到生死存亡，关系到拯救与屠杀。因此，我们没有理由不去了解它。

11

1. 正直
2. 外部力量
3. 战场
4. 领导力
5. 原则

正直的领导者让人信服。人们会追随正直的领导者，哪怕是死，不管遇到什么考验。

外部力量是指那些你无法控制的影响你的因素。在战斗中，天气可能对你不利，给你的军队造成困难。在商业领域，经济环境可能瞬息万变。在体育比赛中，大型比赛会突然改变势头。

战场是你进行战斗的地方。在国际象棋中，棋盘就是战场；在政治领域，所有竞选活动的目标都是获得比竞争对手更多的选票；在商业领域，公司要设计最佳营销策略，以影响客户购买其产品。

表现出优秀领导力的人是真诚、善良、勇敢、明智和自律的。

原则是帮助你决定做什么的规则。通常，你在成长过程中会学到一些生活原则。当你在工作中积累经验时，你也可以学到一些原则。本书教你作战原则。

每位将军都需要了解这五个因素。了解它们，你就能获胜。忽视它们，则必败无疑。

如果你想知道自己能否打赢一场战斗，不妨问自己七个问题：

1. 哪个统治者更正直？如果统治者不正直，他的士兵就无法信任他，因为他们无法确信他们的领导者会做正确的事。如果你面向对手时不正直，打赢一两场仗是有可能的。但是，随着时间的推移，你的士兵对你的不信任会不断升级，直到在战场上表现出来，导致他们和你的失败。

2. 哪位将军更有能力？
3. 哪一方更能得到外部力量和战场的支持？
4. 哪一方更有纪律？
5. 哪支军队拥有更多资源或士兵？
6. 哪一方的士兵训练有素？
7. 哪支军队更能伸张正义？如果领导者不公正，他们的军队就会渴望报复，并在战斗中造反。

通过提出这七个问题，你就能决定任何一场战斗的胜负，无论这场战斗是你自己的还是别人的。

听取并遵循我的建议，你就能获胜，你就能成为一名真正的将军！但是，如果你既不听也不遵循我的建议，你就会输，你就不应该带兵！不花时间回答七个问题、甚至不评估五个因素的将军，是无法评估对敌胜负的。不知道如何评估前景的将军，也就不知道与敌人相比自己是处于优势还是劣势，也不知道是否应该战斗。一个心中没有目的地的领导者肯定永远不会到达目的地。

- 注意力集中后，在计划时跳出框框思考。
- 保持灵活性。情况可能会导致计划改变。
- 欺骗是一切战争的基础。如果对手事先知道你要做的一切，那么你注定会输。欺骗可以帮助你掩饰自己的布局和计划，让对手猜不透。

- 当你可以攻击时，你必须看起来无法攻击；当你激活部队时，你必须看起来不活跃；当你很近时，你应该看起来很远；当你很远时，你也应该看起来很近。在这方面，磨蹭往往是一种明智的行为。与其立即出击，明目张胆地表明自己的意图，不如稍作等待，表面上若无其事，实际上是在哄骗敌人，使其产生自满情绪，然后再出击。因此，如果你最初的计划是即将进攻，那么不妨重新审视一下这些计划，问问现在进攻是否是一个明智的策略。
- 用礼物诱惑敌人，然后在他们脆弱的时候出击。
- 如果你的敌人没有明显的弱点，那么就要做好特别的准备。如果他们更强大，就不要战斗。但如果你必须战斗，就要破釜沉舟地去战斗。无论如何，你都会处于劣势，所以要利用一切可以利用的资源和人力。
- 如果对手容易生气，那就惹恼他们。如果对手很谦虚，就尽量让他们变得傲慢。例如，如果你是一名运动员，而对方队员经常抱怨自己的处境，那么就想办法让他们对你生气，让他们失去冷静。或者，如果你是做生意的，而竞争对手的公司对自己的成功讳莫如深，那就试着在媒体上奉承他们，让他们的老板对自己公司的前景感到自满。
- 如果对手不紧不慢，那就催促他们。如果他们的力量是协调的，那就让他们变得无序。例如，在篮球比赛中，如果进攻方的明星球员能经常在防守方身上得分，那么明星球员的成功就会迫使对方放弃原有的防守策略，想出不同的办法。 这会伤害对方球员的执行力，使他们不堪一击。

- 在对手最意想不到的地方和时间攻击他们。在战前要对这些战术保密。

- 在战前花时间做好计划。没有计划是最糟糕的，因为你没有方向。有一点计划会更好，但如果你没有花足够的时间谋划你的步骤，你还是很可能会输掉战斗。花时间进行规划，并根据自己的优势和机会而不是单纯的偶然或运气来制定计划，这才是最好的。知道计划至关重要，就能确定谁会赢或谁会输。

第二章

战　斗

女士们，先生们，问题的关键在于，贪心——
没有更好的词来形容——是好的。

——戈登·盖柯

电影《华尔街》讲述了一个关于贪婪、道德和商业的经典故事。无论你对迈克尔-道格拉斯饰演的戈登-盖柯如何对待自己的技艺和如何赚取财富有何个人感受，本章和上面引用的名言都涉及了增加资源的理念。在盖柯看来，贪心帮助他找到了足智多谋的赚钱方法，但最终，他的贪心也成了他的煞星。本章讲述的是战斗和获得资源之后的情况。不要让任何利润付诸东流。想一想它们如何能帮助你继续前进。

在战争中，每支军队都需要钱来维护。如果无法支付这些费用，就不要组建军队。有许多成本是必须计算的：

- 财政成本：
  需要多少钱？例如，在企业中聘用和留住顶尖人才需要多少钱？
- 时间成本：
  组建一支军队或实现创业需要多长时间？在体育界，新教练需要多长时间才能将一支失败的球队变成冠军争夺者？
- 机会成本：
  一旦你实现了目标，你本可以利用分配给你的资源做些什么？如果你从大学或研究生院毕业，你可以如何利用你在学校投入的时间和金钱来提升自己目前的职业或追求其他事业呢？

争取尽快获胜。如果取胜需要很长时间，你的武器就不会那么有效，你的部队也会士气低落。如果试图攻城，军队就会疲惫不堪。作为经验法则，你应该问自己："在战斗中，我需要多长时间才能形成对对手的决定性优势？如果你能回答这个问题，即使你还在战斗，你也离结束战斗更近了。

例如，在国际象棋中，会出现某些战术演习，在这些战术演习中，你可以将死敌方国王（赢得对局）或赢得决定性的物质优势（接近获胜）。通常情况下，要做到这一点，你必须走一步最初看起来很糟糕的棋（例如，看似白白地放弃一个棋子或兵），因为作为交换，对手别无选择，只能走一连串的棋步，导致更大的损失。

- 如果战争旷日持久，国家就无法承受代价。
- 当你处于弱势时，你的敌人就会乘虚而入。即使是最聪明的圣人也无法避免不可避免的结果。因此，虽然短期战争可能会导致失败，但长期战争却是不明智的。长期战争对国家毫无益处。

- 最优秀的将军知道战争中最糟糕的情况。
- 最优秀的士兵能有效地分配资源。
- 在战争中，从家里带上武器以便作战，但要从敌人那里夺取粮食。这样，军队才能吃饱。在生活中，要让自己在战胜敌人的过程中变得更加强大。不要只满足于胜利，而要利用在征战中获得的资源，让己方获得更多的利益。

当一个国家总是要花钱购买物资来对敌时，它就会变得贫穷。这些物资会毁了国家和人民。由于军队对粮食的需求量很大，因此军队的存在就会提高当地的成本。高昂的成本将当地人的钱抽走，流向了商人。钱没了，农民就会因无法满足需求而受苦。由于失去了力量和金钱，他们的家园将遭到破坏。农民和国家都将为失去的物资付出代价。

在战斗之外，必须牢记长期冲突的代价甚至会影响到那些没有参战的人。尽可能缩短战斗时间以降低成本。因此，明智的将军会从敌人那里获取补给，这样军队的胃口就会放过农民，从而节省经济开支。一个单位的本地粮草相当于二十个单位的外国粮草。

- 要杀敌，必须激起士兵的愤怒。
  无论在哪个战场上，都要弄清楚是什么激发了你的士兵，是什么让他们怒火中烧。然后，告诉他们战斗将如何帮助他们实现目标。

为了获得敌人的财产，你必须给予部队这样的期待——他们的征服能得到奖赏。因此，在战斗中，要奖励最先夺取资源的战士。将他们的资源整合到你的资源中，并确保外人知道他们的资源是你的。

- 照顾好被俘士兵。如果你对他们不闻不问，那么他们要么会愤怒地背叛你，要么会逃跑，逃回自己的家乡。照顾好你的士兵，巩固战果，是打胜仗时增强自身实力的关键。
- 在战争中，追求的是短期有效战斗的胜利，而不是长期战役的荣耀。
- 精明的将领掌握着人民的命运和国家的安危。

第三章

战 略 进 攻

棒球90%是斗智，
另外一半则是体力上的较量。

—Yogi Berra

Yogi Berra 的许多名言初看可能确实话不成意。但我经常发现，探究这些名言背后的深层含义，并理解他所说的话，是一件非常有趣的事情。不管棒球是50%还是90%靠脑力，本章引言的中心思想是，棒球比赛中的脑力训练是成功的关键。因此，在关于战略思维的章节中，Yogi Berra的观点以其古怪、独特的方式融入其中。或者，更具体的意思是，棒球90%靠脑力，剩下的10%有一半靠体力？

- 在实际战争中，要设法夺取敌人的资源，而不是摧毁它们。

- 真正的伟大不在于战斗，而在于不战而胜。

在武装战斗之外的其他领域，你要在不挑起冲突或不参与与敌人直接竞争的活动的情况下取得胜利。通过战斗取胜需要勇气、胆量和技巧，但不战而胜则需要智慧和克制。与其冲动行事，冒着重大损失的风险，不如未雨绸缪，这样就不必将自己置于危险之中。

战争中最好的防御是在战略上攻击敌人，其次是在政治上攻击敌人。第二差的战略是攻击敌人的士兵；最差的战略是攻击敌人的补给。如果你攻击敌人的战略，就可以不战而胜，或者至少可以拖延战事。如果通过政治手段阻止敌人，则必须通过战斗才能获胜，但可以在不危及军队和资源的情况下获胜。如果攻击敌人的军队，虽然是用军队作战，但仍可以从敌人处获得战利品作为胜利的奖赏。但如果攻击敌人的补给，即使赢得了战斗，也无法从征服中获得任何好处。

攻击敌军资源的唯一理由就是生死攸关。

攻击敌人的资源需要时间、资源和耐心。 缺乏耐心的将领会以牺牲自己的利益为代价攻击敌人的资源，但不会获胜。这就是为什么他们的计划是愚蠢的。

最好的领导者不需要战斗就能打败敌人。他们不用发动进攻就能夺取敌人的资源；他们不用进行战略规划就能推翻整个王国。

举个例子：20 世纪 50 年代，Timex（天美时） 进入钟表行业，这家新公司决定挑战行业巨头瑞士钟表制造商（Swiss），生产低价折扣手表，与昂贵的Swiss高品质手表形成鲜明对比，因此，Swiss手表并不认为天美时手表会对他们的声誉或行业发展构成威胁，这使得天美时能够在不与Swiss手表 "对抗 "的情况下建立起可持续的竞争优势。

- 通过更好的战略，争取夺取天下的一切。这样，你的士兵就不会疲惫不堪。你的胜利将是圆满的。不战而胜是真正战略的精髓。
- 如果你拥有优势兵力，那么就一拥而上。如果你的兵力与敌方相当，则应努力创造动态优势。 摆好军队的位置，以便在可以发起攻击的地方显得人数更多。这样，即使你的部队在其他地方实际上数量较少，对手也无法在关键的地方利用你的兵力不足。如果略逊一筹，就自卫。如果处于劣势，就逃跑。

只要有足够的时间，强者总能击败弱者，这是战争的法则。

将军是国家的第一道也是最重要的防线。如果将军没有弱点，国家就会强大。如果将军有缺陷，国家就会衰弱。

将领可能会犯三个错误，从而牺牲自己的部队：

1. 给军队下达他们无法服从的命令，使军队步履蹒跚。
   举例来说： 赫伯特-索贝尔率领二战中的伞兵部队 "E连 "的一个排。尽管他对部下谆谆教导，但他并没有用要求别人的标准来要求自己。 他的部下不尊重他，嘲笑他，还打赌谁会在战斗中射杀索贝尔。在E连投入战斗之前，他就被解除了职务。

2. 在不知道士兵问题的情况下就下达命令，使士兵感到困惑。

举个例子： 戴克中尉也曾带领过 E 连的一个排，但他经常长时间不露面。由于他的军队不尊重他，戴克带兵打仗时惨遭失败，被解除了职务。

3. 向士兵下达命令时缺乏灵活性，从而引发恐惧。

举例说明： 在管理一个团体时，你必须意识到"群体思维"的真实风险，即团体过于亲密，以至于团体中的每个人都开始有相同的想法，并避免考虑其他解决问题的方法。群体思维的迹象包括：如果任何成员提出不同意见，就会受到来自同伴的压力，以及潜在的思想守卫。这些人认为，他们的职责是保护群体不受威胁其观点的信息的影响。

• 如果军队士气低落，竞争对手就会乘虚而入。士气低落会带来混乱和失败。

因此，胜利有五个关键：

1. 把握战斗时机——学会选择战斗和战斗时间。打这场仗的环境是否对你有利？例如，作为股市投资者，我需要学会在正确的时间买入，在正确的时间卖出。

2. 知道如何应对强弱势力——有的时候，你的军队会比对手强大，也有的时候，你的军队会比对手弱小。与对手相比，你迟早会面临缺乏优势的战斗，但你也会从强势地位出发进行战斗。作为一名棋手，我面临过自己更强和更弱的情况，我必须学会在这两种情况下下棋。

3. 培养团结意识——领导者与员工之间的 "团结" 意识非常重要。 老板能否与员工沟通并分享公司的愿景？团队中的运动员是否都以胜利为目标，还是别有用心？团队成员之间有多少争论，这些分歧是否有益？

4. 抓住机会——如果你能抓住时机，某些机会会不时给你带来重大胜利。例如，当我完成双专业学习时，我曾希望在大学期间花费的额外时间和精力能换来日后更高的认可度和更高的职业薪酬。

5. 将技能与权威相结合——你需要知道如何利用自己的优势，并有执行决策的内在毅力和影响力。有技巧而无权威的领导者无法让他人加入自己的事业。有权威而无技能的领导者会浪费员工的才能。我所参加过的最好的团队中，都有这样的领导者，他们的所作所为赢得了我的尊重，也赢得了我对他们领导力的信任。

- 知己知彼，方能百战不殆。 知己不知彼，胜算减半。两者都不了解，你就会永远失败。

如果你想了解自己，向他人打听自己的长处和短处会有所帮助。你可能会惊讶地发现，你的朋友、家人和同事对你的了解甚至超过了你自己。此外，随着战斗经验的积累，你可能会了解到自己在战斗中的倾向和弱点，从而对你有所帮助。

不过，这些原则同样适用于了解对手。向了解敌人的人打听他们的倾向；他们的朋友可能比他们更了解他们自己。此外，随着时间的推移，敌人的战绩可能会揭示出他们作为将领的优缺点。

第四章

战术

取胜的意志并不重要——每个人都有这种意志。为胜利做准备的意志才是最重要的。

——Bear Bryant

每个参赛者都希望以某种方式或形式击败对手，这通常也是他们参赛的初衷。然而，如果仅仅想赢就足够了，那么每个人都会有公平的机会夺取胜利。

我之所以把阿拉巴马大学传奇主教练Bear Bryant的话放在本章开头，是因为他所说的 "做准备的意志" 与孙子的战略不谋而合。例如，在本章末尾可以找到他强调的 "准备时机" 或 "决定是否应战的五项准则"。

此外，准备意志本身也是取胜意志的延伸。每个人都想赢，但你是否非常想赢，以至于愿意事先付出必要的努力来确保成功？

- 最好的战士会通过良好的准备保证自己不被击
  败，并且会通过良好的时机击败敌人。
  除了少数例外，人总是有一定程度的可预测
  性。我们喜欢每天早上在同一时间起床，日
  复一日地吃同样的食物，在工作和生活中养
  成某些习惯。假设你可以利用对手的某些可
  预测性，这可能会对你有利。在这种情况
  下，你就可以把握好进攻的时机，很好地应
  对对手的计划。
- 避免失败是我们可以控制的，但只有敌人才会
  给我们赢的机会。
- 优秀的战士可以控制失败，但无法控制胜利。
- 你知道如何取胜并不意味着你一定会赢。
- 不输会让敌人觉得你是在防御，而进攻则意味
  着你想赢。

不输与赢之间存在本质区别。要想赢，对手必须
输。如果你没有赢，但也没有输，那么对手也是既没有
赢也没有输。在这样的较量中，胜负或有或无，但缺一
不可。

防守示弱，进攻示强。最好的防守将领躲在敌人
无法攻击的地方。最好的进攻型将领则从可以攻击任何
人的地方发起进攻。因此，有了前者，我们就能避免损
失；有了后者，我们就能取得胜利。

- 伟大并不在于像其他人一样看到胜利。
  仅仅看到比赛结果就断定战斗胜利是不够的。
  例如，企业高管或股票经纪人看到公司利润飙
  升就断定公司在市场上获胜，或者体育迷看到

球队的成功就断定球队开始获胜，这都是不够的。在这两种情况下，观察者都没有看到取得明显成功所需的准备工作。

- 在战斗中英勇作战并获得赞誉也不是伟大。
- 通过战斗来获得伟大，就好比撩起一根头发就以为自己有牛的力气，看到太阳就以为自己有鹰的视力，听到雷声就以为自己有狼的听力。即使是孩子，也能从地上捡起一根头发。视力弱的人也能看到阳光，因为它很明亮。雷声如此响亮，即使听力不好的人也能感觉到暴风雨即将来临。

最优秀的领导者不仅能赢，而且赢得非常轻松。因此，他们不会因为聪明或勇敢而被认可。

伟大的将领不犯错误就能获胜。不犯错误很重要，因为你是在敌人已经被打败的情况下击败他们的。

最优秀的战士将自己定位为 "不败"，并利用各种机会击败敌人。因此，胜利的战略家先胜后战，而失败者先战，然后希望获胜。

技能全面的领导者凭借诚信和纪律掌控成功。

成功的准备工作有赖于以下五点：

1. 分析你的战场——研究你将要战斗的战场，并制定相应的计划；即使是最小的差异也可能对你有利或不利。 例如，竞选公职的政治家需要在竞选前了解选民希望实现什么目标。
2. 量化你的资源——了解你所掌握的材料；通常情况下，材料越多越好。例如，一家企业需要研究其资产负债表和损益表，以评估其财务健康状况。

3. 分析你的士兵——了解谁将与你并肩作战，以及你的士兵的长处和短处；你掌握的士兵和技能越多，相对于对手的实力就越强。例如，一支运动队需要评估其队员与对手相比的优缺点。

4. 估计自己的机会——确定战斗成功或失败的可能性，因为你不想冒鲁莽的风险。例如，如果组织购买一块更大的地产，利弊如何？

5. 做出决定——最后，判断你是否应该做出战斗的决定；你做出的选择对你和你的对手都有影响。 例如，军队是否应该上战场？
   这些步骤中的每一步都取决于之前的步骤，而第一步则取决于你将要作战的地形。

   • 一支胜利的军队就像一斤重的果核，而一支失败的军队就像一斤重的果壳。

一支优势军队以潮水般的气势冲向一个深深的缺口。这就是军威。

第五章

力 量

我们有很深的深度。

——Yogi Berra

是的，我用Yogi Berra 的名言作为新一章的开头，但我不会在本书中第三次引用他的名言。然而，"深度 "一词的反复出现，确实让人明白，在进行计划时，有各种各样的策略和战略可供选择，就像老师在课堂上反复强调同样的概念一样，没有两个人是相同的，因此也没有两个人会用相同的方法来处理相同的事情。

- 管理军队最重要的不是规模，而是组织。将军们用小规模军队打胜仗，用大规模军队打输仗，如果你的军队没有组织好，从一开始就容易陷入混乱和无序，注定会失败。

- 当你率领军队作战时，胜利的关键不在于你有多少支军队，而在于他们能否有效地相互沟通。

- 强者打弱者就像朝鸡蛋扔石头。

- 要抵御敌人的任何进攻，你必须知道如何使用两种力量——普通力量和非凡力量。

普通力量是指与对手相比不占优势的资源、人员等。而非凡力量则会给你带来优势。例如，一支橄榄球队的非凡力量可能是其超级明星四分卫或无敌防守阵容。相比之下，它的普通力量可能是围绕在四分卫或防守队员周围的队友。对于一家企业来说，其非凡的力量可能是其雄厚的资金、优秀的员工队伍或在行业内的声誉，而其普通的力量可能是公司的其他方面，与行业内其他公司相比，这些方面并不具备优势，甚至可能处于劣势。

用平凡的力量去战斗，用非凡的力量去取胜。非凡的力量是宝贵的，你不会想冒失去优势的风险。要学会寻找这样的战略：你的普通力量可以压制住对手，不会让你处于劣势，而你的非凡力量相对于对手的普通力量则具有明显优势。如果其他方面大致相当，你就可以利用非凡力量的优势取胜。

- 如果你学会了如何使用非凡力量，你就会拥有无穷无尽、取之不尽用之不竭的战术。

只知道使用普通力量，就好比画画时只用一种颜色的画笔，写书时只用一个字母，演奏音乐时只用一个音符。 一切看起来都平淡无奇，几乎没有发挥创造力的空间。 但是，学会把平凡和不平凡结合起来使用，你就可以自由地设计方案，随心所欲地多用其中一种，少用另一种。可能性是无限的。

世界上只有红、黄、蓝三种原色，但它们可以组合形成比人眼所能看到的更多的颜色。七个基本音符—do、re、mi、fa、so、la 和 ti—可以组合形成比人类耳朵所能听到的更多的歌曲。五种基本味道—甜、酸、咸、苦、鲜—组合在一起，产生的味道比人类舌头所能品尝到的还要多。

在战斗中，有两种攻击方法——普通攻击和非凡攻击——但将它们结合起来，可以产生比人类大脑所能想象的更多的策略。

平凡与非凡相辅相成，就像绕着一个圆圈周而复始地运动。没有人能画出所有的颜色、唱出所有的歌曲、烹饪出所有的味道，所以也没有人能想出所有的策略。

举个例子： 2002 年美国国家橄榄球联盟赛季，前坦帕湾海盗队主教练乔恩-格鲁登曾在奥克兰突袭者队担任同样的职务。当海盗队在超级碗上对阵突袭者队时，格鲁登利用他对奥克兰队进攻和人员的了解，制定了对阵突袭者队的比赛计划。 格鲁登甚至在训练中扮演里奇-加农（Rich Gannon）的角色——接球、传球、指挥比赛，仿佛他就是突袭者队的四分卫。 海盗队拥有一支优秀的球队（"普通"），但他们也拥有信息（"非凡"）。不出所料，他们以 48-21 的比分大胜奥克兰，首次夺得总冠军。

例如： 戴夫-贝里（Dave Berri）是南犹他大学的经济学副教授，也是《胜利的报酬：衡量现代运动中的许多神话》一书的作者，他在自己的博客上写了一篇题为 "超级巨星理论 "的文章，博客的标题也是 "胜利的报酬"。 该理论的基本前提是，在 1980 年至

2007 年期间，除了两支 NBA 总冠军球队外，其他所有球队都聘用了一名球员，根据贝里的统计指标，这名球员职业生涯的生产率大约是普通球员的三倍。 与此同时，1994 年和 1995 年连续两次夺得 NBA 总冠军的休斯敦火箭队，就拥有一位巨星球员哈吉姆·奥拉朱旺，他非常接近这一指标。贝里的名单中包括了在球场上五个位置（控球后卫、得分后卫、小前锋、大前锋和中锋）都打过球的球员。名单中既有以得分见长的球员，也有以防守见长的球员。因此，他认为，拥有一两名非常优秀的球员是冠军球队的必要基础。

水如巨浪，因势而动。猎鹰能迅速攻击并杀死它的猎物，是因为它掌握了时机。因此，优秀的战士会像巨浪一样进攻，像猎鹰一样出击。

- 气势如弩，弯弓待发。决定就是选择何时扣动扳机。尽量弯曲你的弓弩。一旦发现机会，就毫不犹豫地射出。
- 在战斗中，尽管看似混乱，却可能存在秩序；在混乱中，你的军队看似迷失，却不会失败。

例如： 通用电气公司前首席执行官杰克·韦尔奇于 1981 年接管通用电气公司，当时正值公司重组和个人电脑革命等企业大动荡时期。此外，他还通过大量解雇、资产剥离和企业倡议对公司进行重组。最后，他帮助通用电气成就了一个成功的故事，使公司价值增长了 30 多倍，并培养出了许多财富500 强企业的首席执行官。

- 秩序、勇气和力量本身不会持久。
  维持秩序靠的是组织，维持勇气靠的是精力，维持力量靠的是战术。维护军队就像维护自己的身体，长期采取简单而有效的措施来照顾自己，要比采取更具侵入性、可能有害的措施来解决因疏忽而导致的问题要好得多。就像身体需要食物、水和锻炼一样，军队也需要组织、精力和战术来发挥作用。
- 一个善于让敌人坐立不安的人，会根据敌人的反应，为他们提供一份礼物，让他们收下，保持表面上的风光。
- 这个人通过引诱敌人来保持他们的行动，等待着用正确的选兵出击。你是否拥有一些对你的对手来说非常有价值的东西？为了换取自己更看重的东西而放弃那些东西，值得吗？
- 聪明的战士不会对任何一个人要求太多，他们会挑选合适的士兵，发挥他们的能量。
- 如果把适当的士兵放在适当的位置，并给予适当的工作量，他们就能像木头或石头一样发动攻击，在平地上，他们一动不动，但在下山时，他们可以迅速提速。

优秀战士的能量就像从很高的山峰上滚下来的石头，越滚越快。

第六章

弱点与优势

今天实施的良好计划
胜过明天实施的完美计划。

—George Patton

本章开头引用的名言与本章之间的联系涉及主动性。你必须在制定正确计划的时间和实际执行计划的时间之间找到平衡。即使你的计划还不够完美，但获得优势的机会总会出现。　如果你没有意识到这些机会，或者试图在利用这些机会之前将一切都做到完美，那么你就有可能失去这些机会。

* 谁先到战场，谁就有时间等待敌人；谁后到战场，谁就会疲于奔命。

在一个行业中，某些公司往往在其领域内率先采取某种行动，或在其市场上确立某种地位。被称为　"先行者"的企业可以通过以下几种方式利用时机优势：

1.　在行业中建立创新声誉。
2.　为自己的产品或行业制定标准，让竞争对手不得不模仿。
3.　增加竞争对手的销售难度。
4.　选择最佳供应商生产产品。
5.　有可能在采取该行动后不久就确立稳固的财务地位。
6.　聪明的战士会主动出击，但不会将主动权拱手相让。

聪明的战士可以通过给敌人提供优势，把他们从藏身处诱哄出来；也可以通过攻击敌人的军队，给他们造成损失，让他们不敢靠近。

如果敌人不着急，可以催促他们；如果他们食物充足，可以想办法让他们挨饿；如果他们按兵不动，可以想办法让他们四处移动。

示例：　20 世纪 60 年代，Lee Iacocca说服福特公司的高管生产一种汽车，他设想这种汽车将迎合即将爆发的婴儿潮人口的需求。　福特汽车公司的　"野马"（Mustang）从一开始就风靡汽车市场，令竞争对手目瞪口呆。它在头两年就创造了　11 亿美元的利润，这在 20 世纪 60 年代尤为惊人。

示例：　1998 年的丹佛野马队得分很多，而且得分很早；在该赛季的比赛中，丹佛野马队在第一节就得到了 144 分，而对手只得到 54 分。　野马队得分方面的主动性帮助他们赢得了前 13 场常规赛，以 14 胜 2 负的战绩结束比赛，并连续第二次赢得超级碗。

- 让敌人对你的威胁迅速做出反应；在敌人最意想不到的地方发动进攻。

  一支军队如果不进入敌人的领土行军，就得长途跋涉。

  攻其所不能攻，守其所不能守，进攻才能胜利，防守才能成功。

  举例说明： 许多企业采用"专注"策略，只关注特定类型的客户或产品。这些企业之所以能在全球范围内与大型企业抗衡，是因为他们在自己的市场上培养了一批追随者，而这些追随者需要大型企业花费大量的时间、金钱和精力才能复制。

- 高明的将军让对手不知如何应对。

- 哦，保密的艺术！通过保密，我们就不会被听见或看见，还能控制敌人的命运！

- 如果你攻击敌人薄弱的地方，你将势不可挡；如果你比对手更快，你就会很安全。

- 如果想把敌人从隐蔽处引出来，只需攻击他们必须保护的地方即可。

  举个例子： 哈雷戴维森摩托车是美国独有的摩托车，可以预料，该公司在美国一直拥有非常强大的基础，但在 20 世纪 80 年代初，外国竞争者能够侵入哈雷的地盘，并通过进口和以极低的价格销售摩托车来攻击他们需要保卫的市场。由此引发的竞争给哈雷带来了巨大的生存压力，美国政府进行了干预，对进口摩托车征税。幸运的是，公司顺利捱过了经济衰退时期，甚至在关税到期前一年请求政府取消关税。

- 如果你不想在自己处于弱势时作战，你只需要阻止敌人去他们想去的地方。

在潜伏时了解敌人的习惯，就能在敌人分兵时集中自己的兵力。无论从哪里进攻，你都可以创造动态优势。

如果敌人加强了一处，就去攻击他们的另一处。如果他们在处处都想加强自己，那么他们就不会在任何一处变得强大。敌人只有有限的资源可以加强自己。如果他们试图处处加强自己，他们就会被分散，因为他们必须将仅有的资源分配给更多的点。因此，在任何一个点上攻击他们都比较容易，因为他们没有太多的兵力防守该点。

- 谁掌握了主动权，谁就能在攻击点上集中兵力，往往能取得数量上的优势。
- 如果知道何时作战，就可以集中兵力而不受距离的限制。
- 如果能以强攻弱，敌人就会陷入困境。
- 你必须对你的攻击地点保密。让敌人需要防范的地方越多越好。

知道何时何地作战，就能集中兵力。如果不知道战斗的时间和地点，你进攻一方时就无法支援对另一方的进攻。如果双方相距甚远，情况更是如此！

虽然敌人可能有更多的士兵，但你可以阻止他们作战。如果你能摸清他们的计划，知道他们哪里强哪里弱，你就能找到攻击他们的方法，干扰他们的计划。迫使他们做出反应，就能阻止他们进行报复和利用他们在人员上的优势。

举例说明：20 世纪 20 年代，福特汽车公司是汽车行业的霸主。通过大规模生产有限种类的车型、拥有和生产供应品（逆向整合）以及将车型变化控制在最低限度，福特可以以竞争对手无法比拟的低价销售汽车。

然而，当客户在选购第二辆汽车时，他们愿意支付额外的费用来购买具有更多选项的汽车。为此，通用汽车公司推出了一系列价格更高的车型，以满足客户的需求。尽管福特拥有成本优势，但由于调整低价策略的成本太高，使他们无法应对通用汽车的威胁。

- 扰乱敌人；找出他们活跃或不活跃的原因。
- 把敌人引出来，找出他们的危险所在。调查他们，你会发现他们哪里强大，哪里弱小。
- 最好的出击方式就是对你的战术保密。隐藏起来，即使是最狡猾的间谍和最聪明的头脑也无法算计到你。
- 灵活的计划确保胜利。

灵活性的重要性是大多数人所不了解的。如果你的计划是灵活的，你就不需要依靠特定的行动方案来取得成功。当你考虑到多种情况时，你成功的几率就会提高，因为事情经常会迫使你改变计划。

每个人都能理解战术是如何帮助自己获胜的，但不是每个人都能理解获胜所需的准备工作。

根据具体情况改变战术。曾经奏效的战术可能不会再奏效。例如，我正在学习通过互联网和社交网页进行营销的价值。十年前，甚至五年前，许多营销人员还不会使用 Facebook、Twitter、Instagram 或 TikTok。二十年前，互联网还不像现在这样普及。媒体背后的技术一直在发展，变得越来越先进，因此，随着企业和商人寻求销售自己的产品，他们用来销售产品的媒体的复杂性和多样性也在发生变化。

兵法如水，水离开高处，往低处流。水顺着地势流动；士兵根据敌人的情况来为胜利做计划。因此，就像水会改变形状一样，战争也会改变它的状况。

- 那些适应状况并因此获胜的人确实值得高度赞扬。

在大自然中，一切都在演变。没有一种元素始终占据主导地位；每个季节都在为下一个季节让路；白昼的长短在变化；月亮也有变化周期。同样，在战斗中，没有一种战术或战略风格是占主导地位的。任何行业的战争本质都在不断演变。就像月亮一样，一种风格会流行起来，然后在它再次流行起来之前就会逐渐淡出人们的视线。优秀的将领要学会与变化共存，并拥抱变化。

第七章

部署

他知道通往胜利的道路有时是曲折的。他明白，少管理就是多管理，成功的关键是用更少的资源创造更多。他知道，他必须在实行同一个愿景的情况下管理许多业务。

——通用电气前首席执行官、
《美国商业周刊》专栏作家
Jeffrey KramesonJack Welch

想象一下，你正在山路上徒步旅行，试图到达目的地。凭直觉，你知道从起点到终点的最短距离是一条直线。不幸的是，走直线意味着必须穿过树木茂密的森林，爬过山路，或者游过波涛汹涌的大海。然而，如果走一条铺好的路和较长的路线，就可以省去很多麻烦，而且比走直线用更短的时间到达目的地。

如果你想打败对手或实现目标，同样的建议通常也适用。最长的绕行路线可能是通往成功的最短路径。

- 在战争中，将军们接受上司的命令。
- 在组建军队并做好准备之后，将军们必须让士兵们在战斗中取得成功。
- 演习中最艰难的部分就是将漫长曲折的道路变成最短、最快捷的成功之路，并将自己的弱点转化为优势。
- 因此，尽管起步较慢，道路较长，但在骗过敌人后到达了目的地，就说明懂得了偏离策略。

举个例子： 日本人在第一年亏本销售录像机产品，从而抓住了录像机行业的控制权，他们预计录像机的生产成本会下降，从而在五年内实现盈利。 日本公司通过考虑未来五年而不是像美国公司那样只考虑下一年，赢得了市场竞争优势。

- 当你部署得当，你的部署就会取得漂亮的成功。如果战略执行不当，就会惨遭失败。
- 在做好战斗准备和按时到达目的地之间取得平衡。
- 如果不了解别人的动机，就不要与他们交朋友。问他们为什么想加入你，但也要注意他们没有明说的话。他们是随和还是冷漠，是自信还是谦虚，是友好还是冷淡？如有疑问，请相信你对这个人的直觉。
- 战斗前了解战场。

在战斗中，向比你更了解地形的人寻求建议。 在生活中，向在你的领域比你更有经验的人寻求建议。通常，通过学习他人的成功和失败经验，你可以获得很多宝贵的经验，而这些经验需要你花费数月甚至数年的时间才能从自己的成功和失败中总结出来。通过学习你所在领域的资深人士的经验，可以拓展自己的知识面。

- 在战争中，如果你能成功隐藏自己的计划或发出误导性信号，你就会取得成功，但要警惕使用阴险战术作战。"玩阴"的人战斗往往是出于恐惧，而不是技巧。
- 把握好攻击时机，根据情况改变攻击方法。

进攻时，要像大风一样猛烈。行军时，要像森林一样威严。夺取补给时，要像烈焰一样吞噬它们。站立时，要像雄伟的山峰一样屹立。躲藏时，把事物的神秘隐藏在云层之后。当你移动时，要以闪电般的速度移动。当你掠夺乡村时，与你的军队分享收获，这样他们才会有动力。

行动之前，花点时间考虑一下后果。在行动之前，问问自己，如果做出决定，最好的情况是什么，最坏的情况又是什么？如果你觉得最坏情况的后果，加上最坏情况实现的可能性，超过了最好情况的好处和实现可能性，那么就不要做出这个决定。此外，请记住，不做决定本身就是一种决定。

- 胜利属于懂得欺骗的人。这就是你的部署方法。
- 根据具体情况使用适当的沟通方式。在某一时刻有效的方法在另一时刻可能不起作用。

沟通应促进团结精神。每个人都应该步调一致，谁也不能太超前或太落后。这样才能领导一支庞大的军队。

有时，无论是个人（指挥官）还是团体（军队），都会失去信心。

通常，在一天或一场战役开始时，人们会精力充沛、斗志昂扬。但随着时间的推移或战役的进行，他们会变得更加萎靡不振，精力减退。

要注意军队中士气低落的情况，但要在敌人情绪低落、想退却的时候攻击他们。这就是心理学。在生活中，如果你感觉到一个团队情绪低落，或者一个企业陷入困境，人们感到萎靡不振，或者你的对手正面临困境，那就利用他们的烦恼，趁他们落魄时打击他们。但是，如果你的团队感到萎靡不振，你就要小心了，因为你特别容易受到敌人的攻击。

- 优秀的将领在与无序的敌人作战时井井有条，在敌人惊慌失措、肆意妄为时安之若素。这样才能保持自我控制。
- 在敌人还很远时，他们离战场很近；在敌人疲惫时，他们休息得很好；在敌人饥饿时，他们吃得很饱。这就是自律。

要做到这一点，就不要光等着敌人离得远、疲惫不堪或饥饿难耐。相反，要花时间确保你的部下距离近、休息好、吃得饱，这样当对手到来时，你就可以趁对手兵力下降时发起进攻。此外，有纪律地让军队贴近战场、吃饱喝足、休息好，就能防止军队远离战场、挨饿或精疲力竭——以免在你倒下的时候遭到攻击。

- 优秀的将领不会在敌军协调一致、士气高昂时发动进攻。相反，好的将军会积极备战，找出激励部队的因素，在己方军队协调一致、士气高昂时发动进攻。这就是适应。

不要攻击敌人强大的地方。这是常识。

不要对敌人的欺骗做出反应；不要攻击那些能察觉危险的士兵。

不要在征服后攻击情绪高涨的军队。

在攻击绝望的对手时，要保持冷静，如果情况不对，要给自己留有退路。

这就是战争的艺术。

第八章

多变的战术

几乎所有的人都能忍受逆境，但如果你想考验一个人的品格，那就给他力量。

——Abraham Lincoln

面对悲剧，人们可以表现出惊人的韧性。我们每个人或多或少都会面临巨大的逆境。

然而，权力和繁荣本身就是一种考验。在没有任何其他因素促使你做正确的事时，甚至在没有任何人激励你做正确的事时，能够做正确的事确实值得称赞。作为追随者，希望得到赏识，但作为领导者，你是否以你希望别人对待你的方式来对待别人呢？也许你在理智上相信所有人都值得尊重，但你是否以对待上司或同事的尊重来对待你的邮递员呢？事实上，本章涵盖了关于领导力的一些考验。

- • 在战场上，上司命令将军，将军让军队做好战斗准备。
- 不要让自己陷入不必要的困境。如果你陷入困境，就要准备好用计谋或战斗来摆脱困境。向容易帮助你的朋友寻求帮助。

知道什么不该做与知道什么该做同样重要。

举例说明： 如前所述，国际象棋中会出现一些战术演习，这些战术演习可以让你将死敌方国王或赢得大量材料。如果你不利用这些机会，对手可能会注意到你忽视的战术，并用下一步棋将其夺走，从而使对局时间更长，使你面临更大的和棋或输棋风险。

- 知道如何正确行事并根据不同情况采取不同战术的将军都是高水平的。

  对于一名将军来说，如果不愿意在必要时改变计划，那么再了解地形也不会取得胜利。
- 明智的领导者知道自己的强项和弱项。

明智的领导者知道如何通过了解自己的优势来赢得战斗。他们知道自己的弱点所在，从而可以将损失降到最低。

在领导时，要惹恼敌人的指挥官。打击他们的弱点，刺激他们，让他们担心，用好处诱惑他们，让他们继续前进。

谨慎行事。 无论在什么情况下，都要做好对手即将对你发动攻击的准备，并做出相应的反应。但是，如果你感觉到有机会打击对手，而且你有办法迅速做到这一点，并且不会造成巨大损失，那么你就必须这样做。

在战斗中，重要的是不要愚蠢地仓促发动攻击，但在形势需要时主动出击也很重要。

要警惕以下五种特征，每一种都可能导致失败：

1. 鲁莽会毁了你，因为你缺乏克制。
2. 恐惧使你缺乏勇气。
3. 暴躁让你失去冷静，使你蒙羞。
4. 敏感使你羞于追求荣誉。
5. 过度利他主义会让你忽视自己的需求，从而带来麻烦。

这些缺点会导致任何将军在战争中倒下。当军队分崩离析时，从领导者身上寻找这些特质。仔细想想。

第九章

行军队伍

如果人们无法与你相处，他们就不会服从你。

—John Maxwell

你是否曾为一个你无法与之相处的老板或上司工作过？充其量，这只是对你的职业生涯和你认为满意的工作的一种干扰。在最坏的情况下，它是重大领导力问题的症状，会让你的团队四分五裂。

- 如果你是一个地区的领导者，那么你很有可能需要领导你的员工，并向他们学习。你需要以统一的愿景领导他们，同时也需要他们信任和尊重你。将这两种品质结合在一起的领导者有可能成就许多大事。

- 军队在战场上观察敌情时，应寻找有利地形。如果对方占据有利地形，军队就不要试图在那里与之作战。

举例说明： 美国内战期间，宾夕法尼亚州的盖茨堡镇对双方来说都是潜在的 "有利地形"。 多条公路在此交汇，使其成为军队移动的重要枢纽。 此外，它还被各种山丘和高地环绕，为双方军队提供了战场优势，包括西面的神学院岭和南面的墓地岭。联邦军占领了葛底斯堡，准备迎接邦联军的进攻。在三天的时间里，邦联军试图从不利的地形向联邦军发起进攻，但没有成功。战争造成了严重后果： 联邦军得以阻止邦联军大举入侵的浪潮。

如果你的对手处于对你不利的战场，不要试图在该战场与他们作战。利用战场上的优势，把握进攻时机。

如果你不喜欢所处的战场，请尽快离开。改变作战条件，这样才能获得优势。

在战斗中，如果双方在战场上都没有明显的优势，那么就在这方面寻找最微小的优势。在生活中，如果你和你的对手是在明显平等的条件下作战，那么你要睁大眼睛，竖起耳朵，留意你能获得的任何微小优势。例如，在国际象棋中，即使双方拥有相同数量的棋子和兵卒，棋子的位置也完全相同，棋盘上的位置特征对任何一方都没有好处，但总有一方可以先走一步，而另一方必须等待。在很多情况下，获得走棋权的一方可以及时利用优势。

学会如何评估战场并做出相应的反应，可以帮助你在任何地形上作战。

每个团队都希望在战场上占据优势。在战场上占据优势的军队会事事顺利，这将有助于军队获胜。

当你发现绝佳地形时，要对自己进行定位，以便最大限度地利用它。如果你在绝佳的地形上占据有利位置，你的行动就会对你的军队最有利。

如果你必须穿越危险地带，请在条件允许的情况下等待最糟糕的情况过去。

有些非常不利的地方，军队绝不能在那里作战。但是，你必须设法让敌人靠近这些地方，这样你就能在战场上占据优势。

注意战场附近的陷阱。要提高警惕；如果有些东西看起来好得不像真的，那它很可能就不是真的。如果有些东西看起来与战场格格不入，那么它可能会告诉你有些事情不对劲。

最后，如果你抓住了看起来对你有利的东西，想清楚你的处境会如何变化。

学会分析对手和自己的领地。即使是最微小的细节，也能提示你需要注意什么。

在战斗中，只有慢慢计划，不冲动行事，人多力量大才有用。谨防低估对手。

- 你的部队不会认可严厉的爱，除非他们知道这是出于爱。
- 先严格管教后仁慈会滋生不服从情绪。没有纪律的仁慈会滋生恃宠而骄的态度。

如果你想避免恃宠而骄和不服从，首先要给你的人时间去习惯你和你的领导方法。就像母亲照顾婴儿一样，给孩子时间去适应她。在孩子和母亲之间建立起感情之前，母亲不会管教孩子。同样，当你的团队成员越界时，你要先花时间与他们建立关系，然后再开始管教。按部就班地完成这两个步骤，你就能使你的团队成为一个纪律严明、训练有素的团队。

因此，你必须首先对你的部队仁慈，然后用纪律约束他们。这是制胜的不二法门。

如果你的部队在战斗前就已习惯于服从命令，那么他们在战斗中就会遵守纪律。然而，如果你的部队不习惯服从命令，那么他们在战斗中就不会遵守纪律。

如果领导者信任下属，又要求下属服从，那么双方都会受益。

第十章

战场

教导无非是在你被解雇之前消除错误。

—Lou Holtz

本章主要讲述错误。　在任何领域中，要想达到完美都不是一件容易的事。然而，它却是我们在任何领域成为优秀人才所应追求的标准。每个人都容易犯错。然而，特别是反复犯同样的错误，往往会给军队、团队或企业带来麻烦。重要的是，你要从错误中汲取教训，并在你的团队陷入绝境之前改正错误。

战场有几种不同的类型。

战场类型包括：

1. 双方都能随时移动的战场——如果你需要在这种战场上与对手交锋，则应在战场上寻求任何可以获得的优势，并保持自己的补给。这样，你就能在战斗中占据优势。

2. 你可以撤离但很难再进入的战场——在战场上，这可能是一个被波涛汹涌的海水包围的岛屿，也可能是一个禁止大多数外人进入的国家。在商业中，它可能是需要大量启动成本的行业，也可能是花了很长时间建立了信任声誉的公司。在每种情况下，离开该行业或玷污声誉都很容易，但要重新获得声誉却很难。你在重新进入时会遇到多少麻烦取决于你的敌人。你可以打败没有准备的敌人，但如果他们有准备，那就要小心了。

3. 对任何一方都不利的战场——例如，任何即将被淘汰的行业。不要接受敌人可能给你的任何诱饵。　不过，如果你能通过策略让敌人部分进入该战场，那么你就可以在敌人处于劣势时对其进行打击。

4. 旷日持久的战场——在这个战场上，占据主动并不占优势。通常情况下，先发制人并不占优势，而延缓进攻也并不吃亏。国际象棋中的一个完美例子就是　"封闭式棋局"，在这种棋局中，棋子往往不能自由移动，在进攻之前最好慢慢来，因为这样可以给你时间巩固自己的位置。在时间并不重要的其他领域中，这种策略也很明智。合理利用时间，为进攻做好准备。看看能否诱敌深入，使其变得不堪一击；然后，你就可以发动有利的进攻。但要注意，你自己不要上钩。

5. 一次只能有一支军队通过的战场——如果你处于这种地形，做好准备，等待对手的到来。如果对手处于这种地形，则要等到他们毫无准备时再发动攻击。

6. 能带来巨大优势的战场——如果你在此地形上，应占据最有利的位置，等待对手进攻。如果对手在此地形上，尽量将其哄走，但不要在其处于优势时与之交战。

举例说明：　试图攻击行业领导者的企业不应试图完全模仿领导者的原有战略来抢占市场份额（在领导者有优势的地方作战）。如果新的竞争者尝试这种战略，领导者可以利用自己的优势对竞争者进行报复，耗尽竞争者较少的资源。　相反，竞争者应该尝试并专注于采用一种不同的战略，这种战略只是部分复制领导者的战略和优势，但其核心是通过完全不同的手段争取市场份额。例如，如果领先者是一家低成本公司，那么竞争者就不应该推销低成本产品，而是可以用价格不高但也不会太低的优质产品进行攻击。

如果双方不能轻易攻击对方，那么开战就不会容易，也不会对自己有利。

这就是六种战场。每位将军都必须研究这些不同类型的战场以及各自的优缺点。

军队可能会遇到六种麻烦：

1. 在其他条件相同的情况下，劣势兵力会在优势兵力面前落荒而逃。

2. 如果士兵权力过大，就会发生叛乱。

3. 如果军官权力过大，就会出现暴政。

4. 当军官和士兵都是神经质，因愤懑而战斗时，就会出现愤怒。

5. 当将军既不是一个好的领导者，也不是一个有效的沟通者时，部队就会涣散，导致无政府状态。

6. 当将军不能判断军队的胜算，不能把合适的人放在合适的位置上时，就会出现失误。

战场是士兵最好的朋友，但计划和领导力才是成为将军的关键。

每位将军都应了解这六种麻烦，因为每种麻烦都可能带来灾难。

只有了解这些并能善加利用的人才能赢得战斗。

相信自己的直觉。如果你知道自己会赢，那么你就必须战斗；或者如果你知道自己会输，那就不要战斗，不管别人的批评。

为了军队的利益而牺牲个人利益的将军是军队非常宝贵的财富。对待士兵要像对待家人一样，他们会为你做任何事。在家庭中，人们一起欢笑，一起哭泣，享受彼此的陪伴。花时间与士兵们在一起，倾听他们的心声。所有人都应该得到这种尊严和尊重，但你手下的人——无论是你的孩子、你的下属还是你的销售代表——更需要这种待遇。

如果你不约束你的士兵，他们就会不服从命令。

知己知彼，方能百战百胜。如果你了解自己的战场和作战环境，你就能取得完胜。

第十一章

九种土地

胜利不是一切，努力争取胜利才是。

—Vince Lombardi

俗话说，艰难困苦，玉汝于成。但是，你经常会听到有人说，尽管他们赢得了一场比赛或竞赛，但他们对自己在胜利中的表现并不满意，或者他们因缺乏努力而受到批评。一个团队在面对 "轻松 "的比赛时，能像在困难的情况下一样努力吗？如果每场比赛的输赢并不仅仅取决于胜负呢？如果我们认识到，我们在 "毫无意义"的比赛中所做的准备和遵守的纪律，会在那些事关重大的比赛中发挥作用呢？如果我们不需要通过最后一搏来激励自己在每场比赛中都努力拼搏呢？

　　"战场 "描述的是你作战的领土的总和，而 "土地 "描述的是战场或组成部分的个别特征和部分。

土地有以下几种类型：

1. 在你的国土上进行的战斗是一场将军们在他们的地盘上作战的战斗。例如，一家公司的主场可能是其 "本土市场"，是其最早起步的地方，也可能是其业务最强大的地方。

2. 短程土地是指进入敌方领土的短距离土地。例如，公司可以进入一个新行业，而无需大量的启动成本。在短程土地上不断前进。

3. 关键之地可为任何一方带来优势。例如，在政治领域，关键之地就是 "摇摆票"，它可能是任何候选人获胜的关键。在商业领域，关键之地可能是两个或更多行业竞争者争夺的关键人群，因为他们知道，如果在这一细分市场占据一席之地，就能获得更多的市场份额。不要与处于关键之地的对手作对。

4. 任何一支军队都能在开阔的土地上轻松移动。例如，这可能是一家初创公司，由于规模较小，有能力在行业内迅速采取战术或战略行动。在开阔地要待在一起。因为两支军队在这里都可以轻松移动，如果你们不在一起，对手就可以轻松移动并扰乱你们的部队，使你们陷入混乱。

5. 5.在增援土地上，你很容易得到邻居的帮助。例如，赛车运动队的队友可以分享他们赛车的信息，以帮助他们更快地前进。在增援土地上，请与你的朋友一起行动。

6. 远程土地比短程土地更深入敌方领土。例如，一家公司进入一个启动成本很高的行业。在远程土地上收集掠夺物。

7. 非开阔地与开阔地不同，会使军队难以移动。例如，在国际象棋中，这是指没有很多可供攻击的开阔地。在非开阔地要保持移动。

8. 难以摆脱的死胡同。商业中的死胡同就是指离开一个行业的成本非常高，无论是经济、情感、战略还是法律成本。计划好走出死胡同的方法。

9. 在生存之地，战斗和死亡是你唯有的两个选择。一支在记分牌上面临巨大赤字的运动队正处于生存之地。负债累累、无利可图的企业也在苟延残喘。在这些绝望的情况下，如果你什么都不做，你的处境只会越来越危险，然后将你淹没。这就是为什么你必须采取行动扭转局势，否则你和你的军队都将完蛋。在生存之地上要战斗。

每位将军都必须熟悉这些类型的土地。

• 有能力的战士会让敌军无法协同作战。他们只有在占据优势时才会前进。当他们没有优势时，就会停止前进。

如果敌人协调一致，随时准备出击，夺取他们想要的东西，他们会不惜一切代价夺回来。人们非常看重某些东西，甚至高于胜利。如果你能夺取敌人想要的东西，他们也许能打败你，但代价是要付出他们更珍惜的东西。

例如，我曾通过威胁要离开来降低某些商品或服务的价格。即使销售人员 "赢得 "了他们的产品值得以原价购买的论点，他们也会失去这笔买卖和我本应支付的钱。因此，在某些情况下，降低价格是可能的，我们双方都能赢得交易。

- 在战争中，速度是关键。在敌人最意想不到的时间和地点攻击他们。

以下是军队的一般原则：

- 挑战越艰巨，部队之间的团队精神就越强。
- 在旅途中计划好自己的补给。
- 照顾好你的士兵。不要以为士兵的精力和体力无穷无尽。继续前进，制定深层次的战略计划。
- 让你的部队陷入绝境，他们会宁死不屈。面对死亡，他们可能会做出不可思议的举动，付出全部努力。
- 一无所有的士兵无所畏惧。即使深入敌国，无路可逃，无援可支，他们也会坚定地战斗下去。因此，他们会保持警惕和可靠，不求回报地遵从你的命令。
- 禁止提及任何吉凶祸福，你的部队就不会惧怕死亡。如果你相信迷信，你就会认为你无法掌控自己的命运：胜负不会归因于计划、战略或战术的不同，而是归因于运气无常的本质。

- 如果你的士兵不担心钱，那并不是因为他们厌恶钱。如果他们不指望长寿，也不是因为他们不想长寿。

- 到了战斗的那一天，你的士兵可能会哭泣或尿裤子。但把他们扔进绝境，他们就会展现出传奇般的勇气。换句话说，你的情况看起来越糟糕，团队面临的挑战越大，团队就会表现得越努力。人们会孤注一掷，就好像不会失败一样，因为失败的后果太严重了。

举个例子： 西南航空公司在 1967 年成立之初就面临着巨大的障碍。在公司初创时期，其他三家航空公司曾试图让其倒闭，但Herb Kelleher 带头打官司，确保了公司的生存，并最终在德克萨斯州最高法院获胜。当公司出售四架飞机中的一架以获得现金时，西南航空奇迹般地想出了用剩下的三架飞机维持所有航班的办法。 西南航空的商业战略家们甚至在公司飞机无法满座时，首创了高峰和非高峰定价。 因此，该公司在巨大的压力面前取得了成功，从 1971 年到 2006 年，其总资产增长了六百多倍。

- 精兵强将麾下的部队就像在崇山峻岭发现的蛇。打它的一端，它就会用另一端打你。打中间，它就会用两端反击你。

军队能像这条蛇一样自我协调吗？当然能！吴国人和越国人虽然是敌人，但如果遇到危难，就会像左手帮助右手一样互相帮助。无论你是哪一派，如果你和你的对手都面临着巨大的危险，而你们需要对方的能力来抵御危险，或者如果你们都在与一个想要并有能力把你们两个都打倒的对手作战，那么寻求对手的帮助可能是合适的。

不要只依靠自己的补给。

1. 军队管理的原则是建立一个普遍的标准。因此，睿智的将军率领一支军队就像率领一个人一样。
2. 将军的职责是保持沉默并制定军规。

在时机成熟之前，将军不应告诉士兵他们正在计划的战略。

通过改变战略，将军可以让敌人猜不透。他们通过移动和走远路来防止敌人知道他们的计划。

在关键时刻，秘密制定了新战略的将军会把梯子踢开，不让士兵爬上去。

他们驱赶士兵就像牧羊人放羊一样。就连羊也不知道牧羊人下一步会去哪里。

- 将军的职责是组织他们的军队，带领他们渡过危险。
  将军们必须学习与不同土地相关的不同措施：他们必须研究与每种土地相关的细微差别；不同战术的适用性；以及人性。
- 在入侵敌国时，渗透越深，团队合作就越强。
- 当你的敌人在你身后，而前方只有一条小路时，你就进入了死胡同。当你无处可藏的时候，你就身处生存之地了。
- 在你的国土上，团结你的力量。

- 在短程土地上，保持你的军队紧密相连。
- 在关键之地，加快步伐。
- 在开阔的土地上，注意防御。
- 在增援土地上，联合你的朋友。
- 在远程土地上，要保持充足的补给。
- 在非开阔的土地上，继续移动。
- 在死胡同，阻断敌人所有逃生通道。
- 在生存之地，告诉你的士兵，要么战斗，要么死去。士兵们在别无选择的情况下往往会全力以赴。

举例：许多成功的企业家之所以成功，部分原因是他们知道，每次销售都关系到他们的声誉和生计。对他们来说，失败不是一种选择，因为他们知道失败的后果不堪设想。他们的态度使他们在生意场上更具优势。

一个总是忽视战场征兆的将军永远不会成为伟大的将军。

当一支强大的军队进攻一个强大的国家时，它会扰乱敌军的协调。它可以恐吓敌人，阻止盟友提供帮助。

要打败敌人，不必与其他国家联合，但可以用自己的秘密计划打败他们。

奖励士兵要看功绩，而不是根据传统或资历，这样你才能带领一支军队团结一致。

最好的运动队会用最大数额的合同来奖励表现最好的球员。在国际象棋中，最好的棋手会被评为特级大师。在日常生活中，你可能不得不改变奖励政策，或从根据经验给予奖励改为根据成绩给予奖励。 这样做可能会得罪更有经验的人，但更重要的是，它能帮助你留住顶尖人才。

让你的士兵陷入唯一选择只有获胜的境地，但不要告诉他们你为什么要让他们陷入这种境地。

让你的军队处于必须成功的境地，他们就能生存下来。也就是说，如果你将自己置于有利的位置，生存就会比从劣势中挣扎要容易得多。从劣势出发作战，你可能会生存下来，但从优势出发作战，你可能会取得胜利。

当情况看起来不妙时，军队才能大有作为。

战争的成功在于适应对手。盯住敌人的尾巴，就能推翻敌人的首领。在通过间接手段实现胜利目标的过程中，只要狡猾，就能有所成就。

在刚开始控制局面时，不要让敌人的间谍进入你的阵营。这样，你的计划就会保持秘密。

在生活中，要警惕那些看起来想帮助你，但其实只是想伤害你的人。如果你不认识的人想帮助你，一定要持怀疑态度。质疑他们的动机。在选择允许帮助你的人时，要精挑细选。有疑问时，相信自己的直觉。

利用敌人给你的任何机会。

通过夺取敌人想要的东西来拖延时间，等待他们的到来。

适应敌人，直到你能打一场胜仗。

一开始，要显得安静、矜持；然后，当敌人给你机会时，不要迟疑，立即出击，这样敌人就来不及阻止你了。

第十二章

火力攻击

如果一切似乎都在控制之中，
那其实你的速度还不够快。

——Mario Andretti

Mario Andretti的这句话与 "控制 "的概念有关。有时，要想成为最快的车手或赢得比赛，仅仅 "控制 "是不够的，还需要像平常一样计划、谋划和进攻。在这种情况下，你需要将对手意想不到的完全不同的东西带入你的战略中。这些东西可能是国际象棋中雄心勃勃的弃子、大胆的新商业计划或体育比赛中的花招。在适当的时候冒适当的险，可以帮助你获胜。在 "放弃控制 "的过程中，你获得了获胜的速度或优势。

你可以通过燃烧士兵、物资、来袭列车、武器和道路等几种不同的方式进行火攻。

每一把火都需要介质和材料来点燃。

有合适的日子和时间适用于火力攻击。要等到天干物燥的季节，因为那时可能会刮大风。

举例说明：1996 年美国橄榄球赛季结束时，绿湾包装工队在第31 届超级碗比赛中对阵新英格兰爱国者队。赛前，绿湾队四分卫布雷特·法夫尔在电视上观看橄榄球比赛时注意到，获胜的球队采用了绿湾队战术手册中已有的战术，结果获得了一次长传和一次达阵得分。

在实际比赛中，法夫尔注意到爱国者队的防守与他在电视上看到的类似。于是，法夫尔使用了他在当天早些时候看到的战术，并取得了完美的效果，最终绿湾队得分，以 35 比 21 的比分获胜并夺得冠军。法夫尔的这一战术为他的球队带来了巨大的帮助，他制定了一个冒险但出人意料的强大战术。

在火攻中，有几个原则必须遵循：

- 当敌营内起火时，从营外发起攻击。
- 如果对手士兵没有尖叫或四散逃窜，那就慢慢来。如果可以，在火焰最旺时发动攻击。如果不行，就坚守阵地。
- 如果可以从外面用火攻击，就不要等到里面起火。
- 起火时，不要顺着火势蔓延的方向攻击。
- 等到夜深人静、风力减弱时再起火。
- 军队必须知道如何以及何时用火攻。
- 用火攻击，体现的是头脑；用水攻击，体现的是体力。火攻可以打败敌人，但也会破坏敌人的资源，无法巩固战果。 不过，利用水进行攻击可以在不破坏敌人资源的情况下阻碍他们前进的道路，因此你仍然可以变得更强，打败那些敌人。

- 让你的收获为你所用。否则就是浪费。
- 明君未雨绸缪，智将开发资源。
- 只有在能够获胜或已陷入困境的情况下才出战。
- 统治者和将军应该因为对他们有利而出战，而不是因为愤怒。因愤怒而作战的将军只是为了满足自己的报复心和平息自己的愤怒，而不是因为他们认为自己有优势。
- 情绪可以好转，但亡国不能复起，人死不能复生。因此，明君理智，智将谨慎。这样才能保持王国和军队的完整。

第十三章

间 谍

我一直讨厌那个该死的詹姆斯邦德。
我真想杀了他。

——Sean Connery

具有讽刺意味的是，本章引用的这位因在电影中扮演詹姆斯邦德而出名的演员的名言打破了前面几章的其他名言。　与其说这句话是在严肃地探讨竞争的本质，倒不如说它是在幽默地探讨本章的主题。通过邦德这样的角色，好莱坞在政治背景下描绘了间谍的形象；电影中的间谍了解秘密，阻止可能颠覆整个国家和政府的邪恶计划。然而，在其他背景下也可以使用间谍。即使不参加战斗或不率领军队，间谍也能决定胜负。

组建军队会让国家付出代价，并在国内外引发战争谣言。士兵会疲惫不堪，家庭也难以维持生计。

敌对的军队可能会为了取得一次胜利而互相厮杀数年，因此，不愿意付出代价的领导者知道敌人是残酷的。这样的领导者不是真正的将军，不是真正的统治者，也不是真正的胜利者。

先知先觉能让英明的君主和优秀的指挥官成就非凡。

这种先见之明不能来自迷信、直觉或推理。它必须从了解敌人的人那里获得。

因此，间谍有几种类型。

1. 我们从敌方当地人那里雇佣当地人。
2. 我们从敌方军官那里雇佣叛徒。
3. 我们从敌方间谍那里雇用皈依者。
4. 与敌人分享我们所散布的谣言的骗子。
5. 从敌营带来消息的幸存者。

当这五种类型的间谍和谐、秘密地工作时，他们的合作方式是非常复杂的，对任何君主来说都是无价之宝。

在你的所有手下中，你要让你的间谍离你最近，给他们最多的奖赏，让他们最隐秘。

例如，企业可以雇佣一名了解行业竞争对手内幕的高管，运动队也可以雇佣一名有与对手交手经验的教练。确保善待间谍，他们就会以有价值的信息回报你。

只有智者才能雇用间谍。

只有富有同情心和大公无私的人才能使用间谍，无论他们是自己人还是从敌人那里转来的。

如果你不能善待你抓到的间谍，他们就会带着所有宝贵的秘密从你身边逃走。更糟糕的是，你的间谍有可能逃跑，把宝贵的情报提供给对方军队。

蛮横、傲慢无礼的人是无法从间谍那里获得情报的。

请记住，所有战争都是以欺骗为基础的。如果你丝毫不掩饰自己的计划，敌人就会知道你已经知道了什么，而你所知道的情报将毫无用处。

小心谨慎，凡事多用间谍！

如果间谍过早地说了太多话，就应该连同任何同谋一起受到惩罚。说得太多的间谍可能会将你的秘密透露给同谋和敌人，从而使你和你的军队陷入巨大的危险之中。

无论目标是什么，都要利用你的间谍找出敌方关键人员的姓名。

敌方间谍必须成为"皈依者"。

你可以利用从敌方间谍那里获得的信息雇佣本地人和叛徒。你还可以利用这些信息帮助骗子散布谣言。 最后，你可以利用皈依者在适当的时候雇佣幸存的间谍。

利用间谍了解敌人，一切都要从 "皈依者"开始。善待你的皈依者。

在古代，间谍帮助商朝崛起，间谍又帮助后来的朝代征服了商朝。由此可见，只有有见识的君主和睿智的将领，才能用最聪明的人做间谍，成就非凡的事业。

间谍至关重要；军队在决定做什么时要依靠间谍。

结语

我希望这本书能让你学到很多关于如何将《孙子兵法》中的原则运用到你的技艺或生活中的知识。在写《孙子兵法简化版》的过程中，我学到了很多东西。思考如何将《孙子兵法》中的原则写成更容易阅读的形式，并寻找能抓住这些原则精神的例子和解释，这些都有助于丰富我对原书的理解，而仅仅阅读原书是无法做到这一点的。

即使通读了本书的全文，你可能仍然会发现自己对所有的军事话语感到有些困惑或害怕。这没有关系。再说一遍，第一次读原著时，我也看不懂。事实上，从我第一次阅读《孙子兵法》到再次阅读并更好地理解其中的概念，花了将近七年的时间。

另一个建议是，尤其是对于初次阅读的读者来说，要着重学习孙子的箴言，更多地关注他所传授的总体概念。这将使你不再担心如何将具体的箴言应用到自己的实际情况中，同时还能获得宝贵的经验。

我发现有很多机会可以利用本书中的原则，这些原则丰富了我的生活，部分原因是我在正文中加入了自己经历中的例子。

作为作者，我觉得如果我自己不坚持同样的原则，要求读者你接受并应用我所写的指点是不公平的。因此，我最后用两个例子来说明这些原则对我的帮助。

首先，这本书实现了我自大学一年级以来的一个个人目标。具有讽刺意味的是，我在 2011 年出版这本书时，更多的是将其作为打造个人品牌的练习，而不是一部旨在创造可观销售额的作品。求职的老生常谈就是"推销自己"，因此我认为应用营销原则是合情合理的。

因此，我采用了基于孙子原则的策略——灵活规划。以下是一个示例：

吉列公司的剃须刀闻名于世，但该公司并不靠着剃须刀本身赚钱，它的利润来自于替换刀片。 在购买剃须刀时，顾客承诺最终会重复购买刀片，从而为吉列公司带来利润——这就是"剃须刀—刀片"战略的由来。

愿你充满信心地投入战斗。

关于作者

文森特·加利亚诺（Vincent Gagliano）是一名职业银行家，他曾在金融服务业一些最具挑战性的项目中运用这些理念进行创新，包括为 Truist 的一家子公司承销数百万美元的贷款，帮助 M&T 银行遵守联邦存款保险公司（FDIC）的一项重要规定，以及帮助一家全球性银行完成价值 1,000 亿美元的模版覆盖练习。他拥有康奈尔大学工商管理硕士学位和佛罗里达大学学士学位，主修数学和统计学。

参考书目

America's Game: 1996 Green Bay Packers. Perf. Brett Favre. Warner Home Video, 2006. Hulu.

America's Game: 1998 Denver Broncos. Perf. Mark Schlereth, Terrell Davis, John Elway. Warner Home Video, 2006. Hulu.

America's Game: 2002 Tampa Bay Buccaneers. Dir. Bennett Viseltear. Perf. Jon Gruden. Warner Home Video, 2007. Hulu.

Andretti, Mario, "Mario Andretti Quotes". http://www. quotelucy.com/quotes/mario-andretti-quotes.html Last accessed August 2.4, 201.0

BBC news, "China set to Be Largest economy." BBC news online. http://news.bbc.co.uk/2./hi/business/4998020.stm Last accessed September 28, 2010.

Berra, Yogi, "Yogi Berra Quotes" http://www. brainyquote. com/quotes/authors/y/yogiberra.html. Last accessed August 22, 2010.

Berri, Dave. "The Super-star Theory or How to Win an nBA title." http://dberri.wordpress.com/2007/08/05/ the-super-star-theory-or-how-to-win-an-nba-title Last modified August 5, 2007.

Bryant, Paul, "Coach Paul Bear Bryant Quotes".http:// www. coachlikeapro.com/coach-paul-bear-bryant. html. Last accessed August 22, 2010.

Bynum, Justin. "What is the Razor-Razorblade Model?" *Investopedia*. http://www.investopedia.com/ask/answers/08/ razor-blade-model.asp. Last accessed February 11, 2011.

Davidson, Willie G., *100 Years of Harley-Davidson.* (new York: Melcher Media, Inc., 2002.). 2.32.-2.33, 2.42.-2.43

Douglas, Michael "Greed is Good". http://www. tradingwinner. com/archive/2006/01./2.8/greed• is-good/. Last accessed August 22, 2010.

Holtz, Lou, "Lou Holtz Quotes". http://thinkexist.com/ quotes/ lou holtz/3.html. Last accessed August 22, 2010.   http:// quotationsbook.com/quote/1.861.7/. Last accessed August 24, 2010.

Kinicki, Angelo and Brian K. Williams. *Management: A Practical Introduction* (4th edition), (new York: McGraw-Hill, 2009) 41.8-19.

Krames, Jeffrey. *Jack Welch and the 4E's of Leadership* (McGraw-Hill Companies, 2005), 2.-3, 6-7, 77, 1.04-05

Lincoln, Abraham, "Abraham Lincoln Quotes." http:// www. finestquotes.com/authorquotes-author•Abraham%20 Lincoln-page-0. html. Last accessed August 24, 2010.

Lombardi, Vince, "Famous Quotes by Vince Lombardi." http:// www.vincelombardi.com/quotes.html. Last accessed August 22, 2010.

Maxwell, John. *Everyone Communicates, Few Connect* (nashville: thomas nelson, 201.0), 1.87

Maxwell, John. *The 21 Irrefutable Laws of Leadership, 10th Anniversary Edition.* (nashville: thomas nelson, 2007) 68-69, 1.55-57, 1.87-88.

Porter, Michael. *Competitive Advantage,* (new York: the Free Press: 1985), 1.86-88, 51.4-1.5.

Porter, Michael. *Competitive Strategy,* (new York: the Free Press: 1980), 20-2.1., 45, 84, 94.

"Quotes on Initiative" http://www.leadershipnow.com/ initiativequotes.html. Last accessed August 22, 2010.

Silbiger, Steven. *The Ten-Day MBA,* (new York: William Morrow and Company, Inc.: 1993), 32.6-2.7.

Skjevstad, Vegard. "one-Liners." http://vegard.net/ one• liners/. Last accessed August 22, 2010

sonshi.com. *Sun Tzu* "the Art of War". sonshi.com, 1999• 201.1.. www.sonshi.com/learn.html. Last accessed August 18, 2010.

"sonshi Forum: Sun Tzu Art of War explained: eleven: nine Grounds" http://forum.sonshi.com/showthread. php?s=&threadid=693.

Accessed August 2.1., 201.0 stokesbury, James L. *A Short History of the Civil War.* (New York: William Morrow and Company, Inc., 1995) 1.59-70.

Tzu, Sun and Gerald A. Michaelson. *The Art of War for Managers: 50 Strategic Rules.* Avon: Adams Media Corp., 2001..

Tzu, Sun. *The Art of War.* translated by Lionel Giles. http:// www.chinapage.com/suzi-e.html. Last accessed october 28, 2010.

注释